BEI GRIN MACHT SICH IHR WISSEN BEZAHLT

- Wir veröffentlichen Ihre Hausarbeit,
  Bachelor- und Masterarbeit

- Ihr eigenes eBook und Buch -
  weltweit in allen wichtigen Shops

- Verdienen Sie an jedem Verkauf

Jetzt bei www.GRIN.com hochladen
und kostenlos publizieren

Bibliografische Information der Deutschen Nationalbibliothek:

Die Deutsche Bibliothek verzeichnet diese Publikation in der Deutschen National-
bibliografie; detaillierte bibliografische Daten sind im Internet über http://dnb.d-
nb.de/ abrufbar.

Impressum:

Copyright © 2014 GRIN Verlag, Open Publishing GmbH
Druck und Bindung: Books on Demand GmbH, Norderstedt Germany
ISBN: 978-3-668-15695-1

Dieses Buch bei GRIN:

http://www.grin.com/de/e-book/315811/management-von-passwoertern-tools-und-
heuristiken

Tobias Steinicke

Management von Passwörtern. Tools und Heuristiken

GRIN Verlag

GRIN - Your knowledge has value

Der GRIN Verlag publiziert seit 1998 wissenschaftliche Arbeiten von Studenten, Hochschullehrern und anderen Akademikern als eBook und gedrucktes Buch. Die Verlagswebsite www.grin.com ist die ideale Plattform zur Veröffentlichung von Hausarbeiten, Abschlussarbeiten, wissenschaftlichen Aufsätzen, Dissertationen und Fachbüchern.

Besuchen Sie uns im Internet:

http://www.grin.com/

http://www.facebook.com/grincom

http://www.twitter.com/grin_com

FACHHOCHSCHULE DER WIRTSCHAFT

BIELEFELD

Praxisarbeit

Thema:

Management von Passwörtern: Tools und Heuristiken

Verfasser:

Tobias Steinicke

Studiengang:

Wirtschaftsinformatik

Eingereicht am:

24. Mai 2014

„There are two kinds of cryptography in this world: cryptography that will stop your kid sister from reading your files, and cryptography that will stop major governments from reading your files. "

(„APPLIED CRYPTOGRAPHY", BRUCE SCHNEIDER, 1996)

Inhaltsverzeichnis

Abbildungsverzeichnis

Tabellenverzeichnis

Abkürzungsverzeichnis

AES   Advanced Encryption Standard
ANSI American National Standards Institute, Inc.
GPU   Graphics Processing Unit
PC   Personal Computer
PIN   Persönliche Identifikationsnummer
RSA   Rivest, Shamir and Adleman
USB   Universal Serial Bus

1 Einleitung

Schon seit Jahrhunderten nutzen Menschen Codewörter oder Parolen (z. B. beim Militär), um Zugriff auf Dinge oder Zugang zu Orten[1] vor unberechtigten Personen zu schützen.

Erst kürzlich fand der „WORLD PASSWORD DAY"statt[2], an dem Unternehmen wie INTEL, MICROSOFT, SAMSUNG, TOSHIBA und LASTPASS (erneut) anhand von Anleitungen, Infografiken etc. versuchen, Aufklärung zu betreiben und Anwender bei der Wahl geeigneter Passwörter zu unterstützen. Besonders im Zuge jüngster Datendiebstähle[3] ist es nicht nachvollziehbar, warum noch immer rudimentäre Passwörter wie „123456" oder „password" benutzt werden und sogar Toplisten anführen können.[4] Auch werden Passwörter in den seltensten Fällen geändert, nachdem sie einmal festgelegt worden sind. In einer durch die TNS OPINION & SOCIAL, im Auftrag der EUROPÄISCHEN KOMMISSION, durchgeführten Studie gaben 55% der Befragten an, Passwörter innerhalb der letzten 12 Monate nicht geändert zu haben.[5]

Die Verwendung verschiedener Online-Konten, sei es beim E-Mail Provider, in Social Networks oder bei diversen Online-Shops, ist mittlerweile alltäglich. Anwender scheinen sich dennoch einer möglichen Gefahr, die von zu schwach gewählten Passwörtern – sowohl im privaten, als auch beruflichen Umfeld – ausgeht, oftmals nicht bewusst zu sein, oder ignorieren diese einfach. Durch Schwachstellen in Anwendungen oder Online-Systemen, aber auch durch leistungsstarke Mechanismen und Tools ist es für Angreifer oftmals ein Leichtes, an Passwörter zu gelangen oder diese mittels Algorithmen errechnen zu können. Die Versuchung ist groß, ein Passwort wiederholt bzw. rotierend bei mehreren Diensten zu verwenden, was eine unmittelbare Gefahr darstellen kann. Wird ein System kompromittiert, hält der Angreifer neben dem Zugang zum Social Network womöglich auch einen Zugang zum Online-Shop in seinen Händen.

Dabei ist es auf der einen Seite anhand einiger, durchaus einfacher Regeln möglich, sehr sichere Passwörter zu generieren, die leicht memoriert werden können. Auf der anderen Seite unterstützen verschiedene Tools dabei, eine Vielzahl verschiedenster Passwörter sicher in einem „Tresor" zu hinterlegen, aber auch nahezu unknackbare Passwörter durch Zufallsalgorithmen zu generieren.

1.1 Zielsetzung

Zum einen soll die vorliegende Praxisarbeit Schwachstellen der Passwortwahl aufzeigen, zum anderen soll sie Hinweise und Ratschläge zum sicheren Umgang und Generierung von Passwörter

---

[1]   z. B. Überlieferungen/Märchen wie Ali Baba: „Sesam öffne Dich!"
[2]   zuletzt am 07. Mai 2014. Mehr Informationen unter https://www.passwordday.org/de/
[3]   Vgl. Bundesamt für Sicherheit in der Informationstechnik (2014)
[4]   Vgl. SplashData (2013)
[5]   Vgl. TNS Opinion & Social (2013), S. 155

geben. Repräsentativ werden ferner zwei Tools vorgestellt, welche Anwender beim persönlichen Passwortmanagement unterstützen und den alltäglichen Umgang mit Passwörtern erheblich vereinfachen können. Die Vorstellung soll dabei Vor- und Nachteile solcher Tools aufzeigen.

1.2 Thematische Abgrenzung

Aufgrund der Vorgaben kann allenfalls ein Einblick in das Thema „*Sichere Passworterzeugung*" und „*Passwortmanagement*" gegeben werden. Während der Ausarbeitung zeigte sich, dass es sich um ein sehr spannendes und umfangreiches Thema handelt, dem noch mehr Seiten hätten gewidmet werden können. Es werden lediglich die wichtigsten Themen angesprochen, um eine Vorstellung der Wichtigkeit von effektivem „*Passwortmanagement*" zu erhalten.

1.3 Aufbau und Struktur

Insgesamt gliedert sich die Arbeit in vier Kapitel, deren Rahmen sich durch Kapitel 2 (*Grundlagen*) und Kapitel 4 (*Zusammenfassung und Ausblick*) bildet.

Kapitel 2 enthält Grundlagen zur Passwortsicherheit, d. h. relevanter Sicherheitsfaktoren und Schwachstellen und bereitet auf den Hauptteil vor. Dieser ist in Kapitel 3 und behandelt das Kernthema „*Passwortmanagement*" der vorliegenden Arbeit. Dabei werden auf der einen Seite Strategien zur Passwortwahl (Abschnitt 3.1), sowie unterstützende Tools (Abschnitt 3.3) zur Passwortverwaltung vorgestellt. Abschließend erfolgen Zusammenfassung und Ausblick.

2 Grundlagen

2.1 Definition Passwort

Der Begriff „*Passwort*" leitet sich aus dem Englischen („*pass*" = *dt.* „Ausweis", „Passierschein", „*word*" = (*dt.* „Wort") und dem Französischen („*passe*", „*passere*" = *dt.* „passieren") ab. Es ist ein Synonym für die Begriffe „*Losung*" oder „*Parole*" und bezeichnet im Allgemeinen eine Zeichenfolge, welche aus Buchstaben, sowie Ziffern und/oder Sonderzeichen besteht[6], die den Zugriff z. B. auf Systeme oder Dateien vor unberechtigten Personen schützen soll.[7] Eine Person kann sich durch Wissen des Passwortes, d. h. durch Kenntnis und Nachweis eines vereinbarten Geheimnisses, einem System gegenüber legitimieren.[8]

Allgemein lässt sich die Art der Authentifizierung in die Formen „*Etwas, das man weiß*" (z. B. Passwort, PIN), „*Etwas, das man hat*" (z. B. Schlüssel, RSA-Token) oder „*Etwas, das man ist*" (Körperliche bzw. biometrische Merkmale) unterteilen, wobei sich in den meisten Fällen die erste Form – vor allem aus Kostengründen – durchgesetzt hat.[9] Unterschieden wird zwischen vom Benutzer selbst gewählten, sowie systemgenerierten Passwörtern und Einmalpasswörtern. Letztere verfolgen einen alternativen Einsatz, da sie laufend wechseln und zur Authentifizierung gegenüber einem System lediglich einmal gültig sind.[10]

2.2 Passwortsicherheit: Sicherheitsfaktoren und Schwachstellen

Um die Komplexität eines Passworts zu erhöhen und damit den Spielraum eines Angriffs deutlich reduzieren zu können, haben sich einige relevante Faktoren bewährt, die als allgemeingültig gelten.[11]

1. Die *Mindestlänge* eines Passwortes sollte **mindestens acht Zeichen** oder mehr betragen. Außerdem darf es nicht in einem Wörterbuch zu finden sein, oder andere leicht zu erratene Bestandteile wie Namen, Geburts- oder Hochzeitsdatum etc. enthalten. *Generell gilt*: Je länger ein Passwort ist, desto länger dauert eine mögliche Berechnung mittels Tools.

2. Neben Groß- und Kleinbuchstaben sollte ein Passwort ebenso **Zahlen sowie Sonderzeichen** enthalten, um (im besten Fall) eine höhere Komplexität zu erreichen.

3. **Vermeidung von Trivialpasswörtern** (z. B. „Abcdefg123"), Buchstaben- und Zahlenmustern (z. B. „Qwertz", „123" etc.). und Palindromen (z. B. „Nebel" und „Leben", „1331" etc.)

---

6 Vgl. Dudenredaktion (2014)
7 Vgl. Prof. Dr. Lackes et al. (2014)
8 Vgl. Eckert (2013), S. 468
9 Vgl. Anderson (2010), S. 31; Hansen et al. (2009), S. 390 f.
10 Vgl. Eckert (2013), S. 472 f.
11 Vgl. BSI (2013), S. 1310; Eckert (2013), S. 471

4. Das Passwort sollte in **unregelmäßigen Abständen geändert** werden. Es muss aber auf jeden Fall geändert werden, wenn bspw. Schwachstellen oder Datendiebstähle im Zusammenhang mit dem Online-Dienst bekanntgemacht wurden.

Entscheidend ist, dass die oben genannten Sicherheitsfaktoren meist nur in Kombination ihre Wirksamkeit entfalten können.

Passwortlänge und Passwortkomplexität

Aktuelle Passwortcracking-Tools greifen vermehrt auf die *GPU*, d. h. den Prozessor einer Grafikkarte zu. Dessen Vorteil liegt in seiner Arbeitsweise, immer wiederkehrende Rechenoperationen auf großen Datenmengen sehr effizient durchführen zu können. Ein Test des Computermagazins *c't* zeigte, dass sich mit einem handelsüblichen PC im Wert von rund 1000 Euro in kurzer Zeit sehr viele in der internen Windows-Datenbank hinterlegten Passwörtern knacken lassen.[12] Ein sechsstelliges Kennwort bestehend aus Groß- und Kleinbuchstaben, den Ziffern 0–9 sowie typischen Sonderzeichen (! , $, ? , % ...) lässt sich innerhalb von gerade mal sechs Minuten knacken. Für ein achtstelliges Passwortes mit denselben Vorgaben werden bereits 33 Tage benötigt. Ein elfstelliges Passwort, welches hingegen nur aus Groß- und Kleinbuchstaben besteht (*Zur Erinnerung:* Zufällige Anordnung vorausgesetzt, keine Wörterbucheinträge etc.), kann erst nach 270 Jahren geknackt werden.[13] Es zeigt sich damit, dass **die Passwortlänge oftmals entscheidender ist, als die Passwortkomplexität** und sie damit einen essentiellen Sicherheitsfaktor darstellt.[14]

Die folgende Rechnung[15] verdeutlicht diese Annahme. Ein achtstelliges Passwort, bestehend aus Groß- und Kleinbuchstaben, Zahlen und 22 typischen Sonderzeichen kann insgesamt $2,5 \times 10^{15}$ verschiedene Werte annehmen. Ein zehnstelliges Passwort, dass wie oben beschrieben hingegen nur Groß- und Kleinbuchstaben enthält, kann trotz vermeintlich geringerer Komplexität $3,0 \times 10^{17}$ Möglichkeiten annehmen.

Im Fall der Sonderzeichen ist überdies zu ergänzen, dass häufiger geläufige Sonderzeichen wie ! , $, ? , % etc. verwendet werden, als exotische, die nicht auf einer Tastatur zu finden sind. Dieser Sachverhalt kann die möglichen Kombinationen für einen Angreifer drastisch einschränken. Verschärft wird dies ferner durch die Annahme, dass Sonderzeichen meistens am Anfang oder Ende eines Passwortes benutzt werden.[16] Nimmt man bspw. an, dass bei einem achtstelligen Passwort, bestehend aus Groß- und Kleinbuchstaben sowie Sonderzeichen die achte Stelle eins der 22 geläufigen Sonderzeichen ist, so reduziert sich die Anzahl der Möglichkeiten auf $22 \times (26 + 26)^7 = 3,8 \times 10^{13}$. Eine (zufällige) Kombination ohne Sonderzeichen (am Anfang

---

[12] Vgl. Arbeiter et al. (2009), S. 204 ff.
[13] Vgl. ebd., S. 205
[14] Vgl. Laudon et al. (2010), S. 1045
[15] Vgl. Fox et al. (2009), S. 427
[16] Vgl. ebd., S. 427

oder Ende) hat hingegen eine um den Faktor *2,55* höhere Anzahl von Möglichkeiten, nämlich $(26+26)^8 = 9,7 \times 10^{13}$.

Passwortwechsel: Turnusgemäß oder unregelmäßig

Es wird empfohlen, Kennwörter (un)regelmäßig zu ändern[17], wobei auch gegensätzliche Ansichten existieren, ein gutes Passwort tatsächlich nur dann zu ändern, wenn man von einer Kompromittierung ausgehen muss, bzw. eine Sicherheitslücke z. B. bei einem Online-Dienst aufgetreten ist.[18] Ein essentielles Problem bzgl. dieser Thematik stellt das menschliche Gehirn dar, das komplex gestaltete (wie systemgenerierte) oder sich häufig ändernde Passwörter nur schlecht memorieren kann.[19] Untersuchungen zeigten, dass eine deutliche Reduktion der Passwortqualität resultiert, auch weil Passwörter dadurch z. B. wieder häufiger aufgeschrieben werden.[20]

Eine Studie der UNIVERSITY OF HONG KONG und der CAMBRIDGE UNIVERSITY ergab, dass Anwender bei häufigen Wechseln „*Passwortgenerationen*" anlegen, d. h. Passwörter nach Mustern wie „Password01, Password02, . . ." hochzählen, was einen Angriff oder Erraten des Passwortes erheblich vereinfacht.[21] Selbiges gilt für andere „Muster", wie das Großschreiben von Wortteilen oder die Verwendung von Juxtapositionen, da aktuelle Cracking-Tools wie „JACK THE RIPPER"[22] diese Muster erkennen können oder in umfangreichen *Wörterbüchern*[23] oder *Rainbow-Tables*[24] gelistet haben.

IT-Sicherheitsexperte BRUCE SCHNEIER beschreibt das Anwenderverhalten zur Passwortwahl sinngemäß wie folgt: „*Sagst Du einem Anwender, er soll ein Passwort wählen, so nimmt er ein lausiges. Zwingst Du ihn ein gutes [durch Passwortregeln definiertes] Passwort zu wählen, wird es auf einen PostIt-Aufkleber geschrieben, welcher an seinem Monitor klebt. Forderst Du ihn schließlich auf, sein Passwort zu ändern, nimmt er das vom letzten Monat.*"[25] Häufig verbieten Passwortrichtlinien in Unternehmen bspw. , die letzten fünf Passwörter zu verwenden. Wird versäumt, auch den Parameter zum minimalen Passwortalter (Empfehlung: 24 – 48 Stunden festzulegen)[26], so ändern Anwender ihr Passwort in kürzester Zeit so häufig, bis der Passworthistorie „geleert" ist und sie zu ihrem Favoriten zurückkehren können.[27]

---

17 Vgl. BSI (2013), S. 2825
18 Vgl. Schneier (2014)
19 Vgl. Adams und Sasse (1999), S. 42; Eckert (2013), S. 472 f.
20 Vgl. Adams, Sasse und Lunt (1997), S. 5
21 Vgl. Yan et al. (2004), S. 26
22 Populäres Tool, um Passwörter zu cracken - http://www.openwall.com/john/
23 Vgl. Dell'Amico et al. (2010), S. 986
24 Vgl. Oechslin (2003), S. 627
25 Vgl. Schneier (2011), S. 131
26 Vgl. BSI (2013), S. 2825
27 Vgl. Anderson (2010), S. 34

Soziale Schwachstellen

Die Sicherheit eines Passwortes steht und fällt nicht zuletzt auch mit einigen anderen Faktoren. Könnte man die oben genannten als *„harte"* Faktoren bezeichnen, so gibt es auch *„softe"* Faktoren, die als Randbedingung (z. B. geprägt durch das soziale Umfeld) Einfluss auf die Sicherheit geben können.

Social Engineering stellt dabei eine wesentliche Schwachstelle dar, das ehemalige Hacker wie KEVIN MITNICK bis zur absoluten Perfektion betrieben haben. Ein Passwort mag noch so komplex, noch so gut gewählt sein, es bleibt der *„Risikofaktor Mensch"*, z. B. durch die **Weitergabe von Passwörtern**. Der Aussagegehalt des eingehenden Zitats von CHRIS PIRILLO ist sehr prägnant, sodass es eigentlich jedem klar sein müsste: „Tausche Deine Passwörter niemals, wirklich niemals mit einer anderen Person!" Studien zeigten jedoch[28], dass genau dies gängige Praxis zu sein scheint. Allzu oft geben Anwender Passwörter oder PINs bewusst an Familienmitglieder oder an Kollegen weiter, damit Letztere z. B. im Falle von Urlaub oder Krankheit Zugriff auf bestimmte Daten behalten.[29] Eine unbewusste Weitergabe erfolgt mitunter durch Unwissenheit oder Täuschung z. B. durch Phishing-Mails, die vermeintlich von Banken, Online-Shops etc. stammen.

Sicherheitsfragen stellen ein weiteres, potentiell hohes Sicherheitsrisiko dar. Sie werden bei Online-Diensten verwendet, um vergessene Passwörter zurückzusetzen, werden vielfach aber nur stiefmütterlich behandelt. Ein einfaches Beispiel ist die Sicherheitsfrage *„Wie lautet der Geburtsname Ihrer Mutter?"*. Diese Frage kann meist durch einfache Webrecherche, genealogische Datenbanken, Wissen aus dem Bekanntenkreis oder anderen Methoden schnell und korrekt beantwortet werden.[30] Das beste Passwort ist nutzlos, wenn dessen Sicherheit durch Beantwortung einer zu lapidar gewählten Sicherheitsabfrage ganz einfach umgangen werden kann.[31] Eine grundsätzliche Empfehlung ist hierbei, selbst eine Frage zu erstellen (sofern dies möglich ist), die ganz simpel z. B. nur *„Die Antwort?"* lautet. Als korrekte Antwort sollte ebenso eine Zeichenfolge gemäß der Vorschläge zur Generierung eines sicheren Passwortes verwendet werden. Sollte diese Option nicht gegeben sein, lautet der Mädchenname der Mutter an Stelle von *„Müller"* künftig besser *„m50yoMhn$uk?!"*.[32]

---

[28]   Vgl. Shay et al. (2010), S. 8
[29]   Vgl. Duggan et al. (2012), S. 23; Mitnick et al. (2006), S. 98
[30]   Vgl. Anderson (2010), S. 37
[31]   Vgl. Schneier (2014)
[32]   Acronym für *„my 50 year old Mom has no Surname you know?!"*

3 Passwortmanagement

3.1 Strategien zur Wahl sicherer Passwörter

Mittels *Mnemotechnik*[33] lässt sich auf einfachem Wege ein sicheres Passwort generieren. Dieses ist auf der einen Seite für andere (Personen oder auch Tools) schwer zu erraten oder zu knacken, auf der anderen Seite für einen selbst gut zu merken. Dazu werden bspw. die Anfangsbuchstaben aus einem Filmzitat oder jedweden anderen gut merkbaren Satz, der aus mindestens sieben bis acht Wörtern besteht, genommen und zu einem Acronym verbunden.[34]

Das System lässt sich noch verfeinern, indem man *Leetspeak*[35] verwendet, d. h. gleich aussehende Buchstaben oder gleiche lautende Worte durch Zahlen (oder Sonderzeichen) substituiert[36], oder hinter jeden Buchstaben ein Sonderzeichen oder eine Zahl schreibt.

Im folgenden Beispiel steht

TA2L,tU@Ei42!

für

„The Answer to Life, the Universe and Everything is 42!"

Ein angelehntes Zitat an den Science-Fiction Roman „*The Hitchhiker's Guide to the Galaxy*" (1979) von DOUGLAS ADAMS. Das Passwort wurde aus den Anfangsbuchstaben des Satzes gebildet, wobei das englische Wort „*to*" durch „2" (*engl.* „Two") und das kleine „*a*" von „*and*" durch ein „@"-Zeichen ersetzt wurden. Mit einer Länge von 13 Buchstaben und Kombination aus Groß- und Kleinbuchstaben, sowie Sonderzeichen ist dieses Passwort nahezu unknackbar. In diesem Fall wurde auch der in Abschnitt 2.2 beschriebenen Problematik Rechnung getragen, Sonderzeichen nicht nur am Anfang oder Ende eines Passwortes zu nutzen (um damit nicht mögliche Kombinationen für einen Angreifer zu reduzieren).

Dass der Einsatz der *Mnemotechnik* eine sinnvolle Methode zur Generierung sicherer Passworte darstellt, ergab eine Studie der UNIVERSITY OF HONG KONG zusammen mit der CAMBRIDGE UNIVERSITY, in der drei Versuchsgruppen Passworte anhand unterschiedlicher Schemata zur Generierung auswählen und memorieren mussten. Dabei zeigte sich, dass Passwörter, die Benutzer mittels *Mnemotechnik* generierten, fast so sicher waren, wie zufällig

---

[33] Gedächtnistraining; Entwicklung von Merksätzen, Reimen, oder ugs. Eselsbrücken
[34] Vgl. Kuo et al. (2006), S. 67
[35] Internetjargon; Schriftsprache, bei der gleich aussehende Buchstaben durch Ziffern oder Sonderzeichen substituiert werden
[36] z. B. A = 4, E = 3, For = 4 [*engl.* „Four"], To = 2 [*engl.* „Two"] etc.

erzeugte Passwörter, sich dafür aber viel besser memorieren ließen.[37] Untersuchungen zeigten jedoch, dass diese Technik trotz ihrer Effektivität seltener eingesetzt wird. Häufig werden noch immer unsichere Passwörter, basierend auf Wörterbucheinträgen o. ä. verwendet.[38] Es sollte jedoch beachtet werden, dass allgemein geläufige mnemonisch basierende Acronyme aus Buch-, Film- und Musikzitaten ein Risiko bergen. Aus geläufigen Phrasen könnten Passwort-Cracking Wörterbücher erstellt werden, die wiederum z. B. für Brute-Force-Attacken [39] genutzt werden können.[40] Auch wenn die Gefahr dafür zur Zeit noch gering sein dürfte, wurden Ansätze zum Cracken mittels generierter Acronym-Listen bereits untersucht und getestet.[41] Eine höhere Sicherheit kann durch bewusste Verfälschung (z. B. durch Rechtschreibfehler, Verballhornungen) oder die Verwendung sinnfreier Sätze wie *„Die Sonne scheint und ich esse seit 1975 gerne Steak!"* („D$s&ies75gS!") erreicht werden.

3.2 Geeignete Passwortwahl bei verschiedenen Diensten

Es stellt sich die Frage, ob eine Differenzierung komplexer Passwörter bei unterschiedlichen Systemen und Diensten sinnvoll oder angemessen ist. Muss das bei FACEBOOK verwendete Passwort genauso komplex sein, wie das E-Mail Passwort oder vice versa?

Eine Antwort darauf kann nur in mehreren Schritten erfolgen. Zunächst einmal ist mit Priorität darauf zu achten, dass Passwörter niemals mehrfach, d. h. bei unterschiedlichen Diensten genutzt werden. Die Sicherheit ist nur so hoch, wie das schwächste Glied in der Kette.[42] Lässt sich z. B. ein Online-Dienst angreifen und das Passwort kann abgegriffen werden, so hat der Angreifer vermeintlich auch Zugang zu anderen Diensten, die u. U. wesentlich kritischer sind (z. B. Online Banking, AMAZON-Konto).

Dennoch stellt der Zugang zu einem E-Mail Konto im Gegensatz zu anderen Diensten bei genauerer Betrachtung einen vermeintlich kritischeren Sicherheitsaspekt dar. Jenes ist meist der zentrale Knotenpunkt, an dem die eigenen Online-Identitäten zusammenlaufen, weil häufig dasselbe E-Mail Konto zur Registrierung bei unterschiedlichen Diensten genutzt wird.[43] Gelingt einem Angreifer der Zugriff auf das E-Mail Konto, so kann er bei einem anderen Dienst die „PASSWORT VERGESSEN"-Funktion nutzen und damit das Online-Konto ohne direkten Zugang infiltrieren. Demzufolge ist es unumgänglich, das E-Mail Konto besonders zu schützen, aber auch für andere Online-Konten ein möglichst komplexes und vor allem einzigartiges Passwort zu wählen.

---

[37] Vgl. Yan et al. (2004), S. 29
[38] Vgl. Shay et al. (2010), S. 8
[39] Bezeichnet in der Informatik eine „Brachialmethode" um an Informationen zu gelangen, d. h. doch Ausprobieren vieler Möglichkeiten
[40] Vgl. Kuo et al. (2006), S. 78
[41] Vgl. Dell'Amico et al. (2010), S. 985 f.
[42] Vgl. Schneier (2014)
[43] Vgl. Schmidt (2013), S. 88

3.3 Unterstützende Tools

3.3.1 Vorstellung Tools

Bei vielen Menschen ist die Anzahl der Online-Konten in den letzten Jahren gestiegen. Nicht selten besitzen Anwender um die 25 Online-Konten bei verschiedenen Webseiten und Diensten,[44] verwenden aber höchstens drei bis fünf verschiedene Passwörter oder Permutationen.[45]

Es gibt eine Vielzahl so genannter „*Passwortmanager*"[46] für Windows, Unix und Mac, die Anwender beim Generieren und Speichern von Passwörtern unterstützen. Diese sind teilweise kostenlos erhältlich, andere werden kommerziell oder über so genannte Freemium-/Premium-Modelle vertrieben.

An dieser Stelle werden repräsentativ zwei populäre Tools vorgestellt, wobei KEEPASS eher einen klassischen Desktop-Einsatz verfolgt, LASTPASS.COM hingegen einen reinen Online-dienst repräsentiert, d. h. Zugangsinformationen auf Third-Party-Servern gespeichert werden. Auf browsereigene Passwortmanager (z. B. im Chrome-Browser) wird nicht eingegangen, da diese Passwörter meist unsicher im Klartext abspeichern.[47]

KeePass

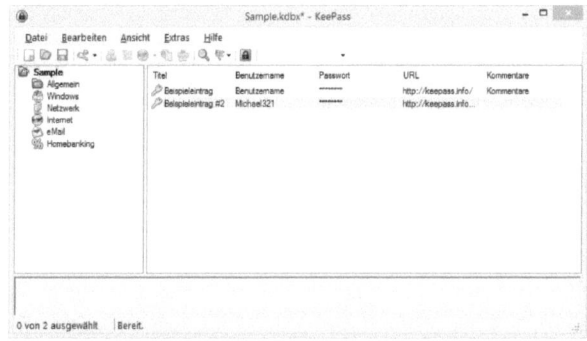

Abb. 1: KeePass - Kostenfreier OpenSource Desktop-Passwortmanager
(Quelle: Eigene Darstellung)

Das kostenfreie OpenSource-Tool „*KeePass*"[48] bietet diverse Funktionen und steht für verschiedene Betriebssysteme wie Windows, Linux/Unix, Mac OS, sowie Android, BlackBerry, iOS und Windows Phone zur Verfügung. Eine Synchronisation zwischen den Plattformen kann derzeit

---

44 Vgl. Florencio et al. (2007), S. 657; BBC News - Technology (2012)
45 Vgl. Adams und Sasse (1999), S. 46; Gaw et al. (2006), S. 44
46 http://www.dmoz.org/Computers/Security/Products_and_Tools/Password_Tools/
47 Vgl. Kember (2013)
48 http://keepass.info/

allerdings nur etwas umständlich über Cloud-Dienste wie DROPBOX erfolgen[49], da *KeePass* (noch) keine eigene Funktion dafür bietet.

Benutzerdaten und Passwörter werden mit *AES* verschlüsselt in einer voll durchsuchbaren Datenbank gespeichert. Der Zugriff erfolgt über ein Masterpasswort oder alternativ über eine Schlüsseldatei (s. **??**), die z. B. auf einem USB-Stick gespeichert ist. Sämtliche Passwörter können in Ordnern gruppiert und kategorisiert, sowie mit Zusatzinformationen wie Ablaufdatum oder einem Link zur Webseite ergänzt werden.

Auf Wunsch können überdies Passwörter per Tastenkombination automatisch auf Webseiten eingegeben werden, oder eine Passworthistorie pro Eintrag gehalten werden, sodass man Einsicht auf vergangene Einträge nehmen kann (s. **??**).

Neben verschiedenen Plugins, welche die Anwendung erweitern, bietet KeePass von Haus aus einen komfortabel zu bedienenden Passwortgenerator (s. **??**). Mit diesem lassen sich Passwörter mit verschiedenen Komplexitätsmustern erzeugen, bestehend bspw. aus Groß- und Kleinbuchstaben, Ziffern, (typischen) Sonderzeichen, aber auch höherer ANSI-Zeichen, d. h. Zeichen, welche üblicherweise auf keiner Tastatur zu finden sind und nur per Tastenkombination[50] eingegeben werden können.

Ein Auszug generierter Vorschläge eines zwölfstelligen Passwortes könnte wie folgt aussehen

1.)	Groß-/Kleinbuchstaben	LpxNjcnOvHuy
2.)	wie 1.) plus Ziffern	jRQC9eeq5FG7
3.)	wie 2.) plus Sonderzeichen	TUy%duV5RY?Q

Tab. 1: Durch KeePass generierte Passwörter

LastPass

Webdienste wie *LastPass*[51] haben gegenüber klassischen Desktop-Tools wie *KeePass* den Vorteil der Interoperabilität, da keine plattformabhängigen Portierungen installiert werden müssen. Lediglich ein Internetzugang ist erforderlich, um einen der Webdienste abrufen zu können, deren Seiten in den meisten Fällen auch für die kleinen Bildschirme von Smartphones optimiert wurden („*Responsive Webdesign*") oder entsprechende Browser-Plugins (z. B. für Chrome, Firefox und Opera), sowie Apps zur Verfügung stehen. Im Fall von LastPass ist hinzufügen, dass sich der Dienst werbefinanziert. Die Ausblendung der Werbeanzeigen, aber auch die Verwendung der mobilen Apps für Android, BlackBerry, iOS und Windows Phone ist nur durch Freischaltung eines Premium-Accounts für 12 US-Dollar p.ä. möglich.

---

[49] Durch Synchronisation der KeePass-Datenbankdatei in die Cloud
[50] Höhere ANSI-Zeichen können mittels der ALT-Taste sowie einer Zahlenkombination über den Nummernblock eingegeben werden.
[51] `https://lastpass.com/`

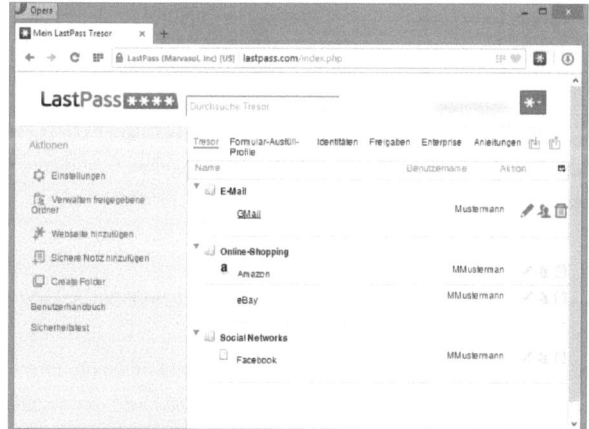

Abb. 2: LastPass - Webbasierter Passwortmanager
(Quelle: Eigene Darstellung)

Der Dienst wirbt mit dem Slogan *„The Last Password You'll Have to Remember!"*, denn genau wie bei *KeePass* legt der Anwender bereits bei der Kontoerstellung ein Masterpasswort fest, dass später zum Abrufen der hinterlegten Passwörter benötigt wird. Alle eingegebenen Daten werden lokal mit *AES* verschlüsselt übertragen und u. a. basierend auf dem Masterpasswort abgespeichert.

Während der Kontoerstellung bietet *LastPass* ferner an, bereits im Webbrowser gespeicherte Passwörter automatisch zu übernehmen oder Daten zum künftigen Ausfüllen von Formularen (z. B. automatische Eingabe der persönlichen Hausanschrift) zu hinterlegen.

Wird eine Webseite aufgerufen, bei welcher eine Anmeldung erforderlich ist, so speichert Last-Pass auf Wunsch automatisch die Benutzerdaten ab. Voraussetzung im Webbrowser ist dafür die Installation eines Browser-Plugins. Wie *KeePass* bietet auch *LastPass* ein Tool zum Generieren von zufälligen Passwörtern (s. **??**).

3.3.2 Vor- und Nachteile von Tools

Vorteile

Beide Varianten, egal ob Desktop-Tool oder Online Dienst haben den klaren Vorteil, der in Abschnitt 2.2 beschrieben Problematik der Passwort-Memorierung sowie der in Abschnitt 3.3.1 geschilderten Situation, dass zu wenig Passwörter genutzt werden, entgegen zu wirken.

Durch flexible Nutzungsmöglichkeiten, können auch hunderte von Zugangsdaten (Benutzername und Passwort) hierarchisch sortiert, gespeichert und durchsucht werden. Trotz verschiedener

Dienste und Webseiten, sowie verschiedener Zugangsdaten reicht auf der einen Seite die Benutzung eines Masterpasswortes oder eines Sicherheitstokens (z. B. USB-Stick) aus, bietet auf der anderen Seite aber einen hohen Sicherheitsstandard.

Weiterhin besteht bei beiden Varianten die Möglichkeit, die gespeicherten Daten mit Mobilgeräten zu synchronisieren, sodass Zugangsdaten auch fern des eigenen Computers unterwegs zur Verfügung stehen.

Nachteile

Zwar werden sämtliche hinterlegten Daten in den Passworttresoren verschlüsselt abgespeichert, auf welche mit einem Masterpasswort zugegriffen werden kann. Dennoch haben die Tools durch diesen Nutzen einen gravierenden Nachteil: Ist das Masterpasswort zu rudimentär gewählt oder kann es von einem Trojaner oder Keylogger mitgeschnitten und einem vermeintlichen Angreifer übermittelt werden, könnte dieser in den Besitz sämtlicher gespeicherten Passwörter kommen. Ebenso ärgerlich wäre das Vergessen des Masterpasswortes. Während es bei *LastPass* anhand einer (umständlichen) Prozedur möglich ist, dass Passwort zurückzusetzen, kommt man an in KeePass gespeicherte Daten nicht mehr heran.

Online-Dienste wie *LastPass* haben weitere Nachteile, da sie von Außen großflächigen und systematischen Angriffen (z. B. durch Botnets) ausgesetzt sind, d. h. angegriffen und infiltriert werden könnten. So vermutete der Dienst 2011 selbst, angegriffen worden zu sein und wies seine Anwender an, das Masterpasswort umgehend zu ändern.[52] Auch war der Dienst von der kritischen Heartbleed-Sicherheitslücke betroffen, die zwischen März und April 2014 bekannt wurde und weltweit für Aufregung sorgte.[53] Möglicherweise tragen Meldungen dieser Art und (subjektiv) vermutete Unsicherheit dazu bei, dass Anwender eher Tools wie *KeePass*, die auch portabel auf einem USB-Stick transportiert werden können, gegenüber Online-Diensten präferieren.[54]

Ferner wirkt sich die auf den ersten Blick praktische Nutzung auf mobilen Endgeräten als nachteilig aus, wenn das Smartphone gestohlen wird und nur unzureichend geschützt wurde. Der Dieb könnte damit Zugriff auf die App und deren hinterlegten Daten erhalten, da in den meisten Fällen ein automatischer Login in den Dienst erfolgt (außer die App ist separat geschützt worden).

---

[52] Vgl. LastPass.com (2011)
[53] Vgl. LastPass.com (2014)
[54] Vgl. Karole et al. (2011), S. 249 f.

4 Zusammenfassung und Ausblick

Zusammenfassend kann festgehalten werden, dass Anwender nicht vor der Anzahl der Passwörter, die in der heutigen schnelllebigen Zeit des Internets memoriert werden müssen, kapitulieren dürfen. Auch wenn IT-Größen wie MICROSOFT-Gründer BILL GATES bereits 2004 das Ende der uns bekannten Passwörter und PINs prophezeite[55], so werden sie auch über eine Dekade nach dieser Weissagung sicherlich noch eine ganze Weile „Standard" in Anwendungen und Webdiensten bleiben.

Demzufolge muss man sich bewusst sein, dass zu einfach gewählte Passwörter erraten oder geknackt, und durch Wiederverwendung von Passwörtern auch andere Online-Konten oder System-Zugänge kompromittiert werden können. Computer werden immer leistungsfähiger, sodass Angriffe immer schneller und umfangreicher durchgeführt werden können. Auch wenn kein Allheilmittel existiert, kann durch gezielten und intelligenten Einsatz von Generierungssystemen wie *Mnemotechnik* oder Tools zu Verwaltung und Generierung von Passwörtern diesen Schwächen entgegengewirkt und Risiken reduziert werden.

---

[55] Vgl. Kotadia (2004)

Quellenverzeichnis

Monographien und Sammelbände

Anderson, Ross J. (2010): *Security Engineering - A Guide to Building Dependable Distributed Systems*. New York: John Wiley & Sons.

Eckert, Claudia (2013): *IT-Sicherheit - Konzepte - Verfahren - Protokolle*. 8. Auflage. München: Oldenbourg Wissenschaftsverlag.

Hansen, Hans Robert; Neumann, Gustaf (2009): *Wirtschaftsinformatik 1 - Grundlagen und Anwendungen*. 10. Auflage. Stuttgart: Lucius & Lucius.

Laudon, Kenneth C.; Laudon, Jane P.; Schoder, Detlef (2010): *Wirtschaftsinformatik: Eine Einführung*. 2. aktualisierte Auflage. München: Pearson Deutschland GmbH.

Mitnick, Kevin; Simon, William L. (2006): *Die Kunst des Einbruchs - Risikofaktor IT*. 1. Aufl. mitp Professional. Heidelberg: mitp.

Schneier, Bruce (2011): *Secrets and Lies - Digital Security in a Networked World*. New York: John Wiley & Sons.

Zeitschriften und Veröffentlichungen

Adams, Anne; Sasse, Martina Angela (1999): „Users Are Not the Enemy". In: *Commun. ACM* 42.Nr. 12, S. 40–46.

Arbeiter, Stefan; Deeg, Matthias (2009): „Bunte Rechenknechte: Grafikkarten beschleunigen Passwort-Cracker". In: *c't Magazin für Computer Technik* Nr. 06, S. 204–206. DOI: 10.1145/322796.322806. URL: http://doi.acm.org/10.1145/322796.322806.

Fox, Dirk; Schaefer, Frank (2009): „Passwörter - fünf Mythen und fünf Versäumnisse". German. In: *Datenschutz und Datensicherheit - DuD* 33.Nr. 7, S. 425–429.

Schmidt, Jürgen (2013): „Passwort-Schutz für jeden". In: *c't Magazin für Computer Technik* Nr. 03, S. 88.

TNS Opinion & Social (2013): *Special Eurobarometer 404 / Wave EB79.4 - Cyber Security*. Techn. Ber. Brüssel. URL: http://ec.europa.eu/public_opinion/archives/ebs/ebs_404_en.pdf [Online; abgerufen am 04.05.2014].

Yan, Jeff; Blackwell, Alan; Anderson, Ross; Grant, Alasdair (2004): „Password Memorability and Security: Empirical Results". In: *IEEE Security and Privacy* 2.Nr. 5, S. 25–31. DOI: 10.1109/MSP.2004.81. URL: http://dx.doi.org/10.1109/MSP.2004.81.

Webquellen

BBC News - Technology (2012): *Warning about online fraud as information theft rises.* London. URL: http://www.bbc.com/news/technology-18866347 [Online; abgerufen am 03.05.2014].

Bundesamt für Sicherheit in der Informationstechnik (2014): *Neuer Fall von großflächigem Identitätsdiebstahl: BSI informiert Betroffene.* Bonn. URL: https://www.bsi.bund.de/DE/Presse/Pressemitteilungen/Presse2014/Mailtest_21012014.html [Online; abgerufen am 18.05.2014].

Dudenredaktion (*2014*): *Duden - Begriffsdefinition "Passwort".* Berlin. URL: http://www.duden.de/node/700483/revisions/1302715/view [Online; abgerufen am 01.05.2014].

Kember, Elliott (2013): *Chrome's insane password security strategy.* URL: http://blog.elliottkember.com/chromes-insane-password-security-strategy [Online; abgerufen am 18.05.2014].

Kotadia, Munir (2004): *Gates predicts death of the password.* URL: http://news.cnet.com/2100-1029-5164733.html [Online; abgerufen am 07.05.2014].

LastPass.com (2011): *LastPass Security Notification.* Virgina. URL: http://blog.lastpass.com/2011/05/lastpass-security-notification.html [Online; abgerufen am 04.05.2014].

LastPass.com (2014): *LastPass and Heartbleed-Bug.* Virgina. URL: http://blog.lastpass.com/2014/04/lastpass-and-heartbleed-bug.html [Online; abgerufen am 04.05.2014].

Prof. Dr. Lackes, Richard; Dr. Siepermann, Markus (*2014*): *Gabler - Begriffsdefinition "Passwort".* Wiesbaden. URL: http://wirtschaftslexikon.gabler.de/Archiv/77340/passwort-v8.html [Online; abgerufen am 01.05.2014].

Schneier, Bruce (2014): *Choosing a Secure Password.* URL: https://www.schneier.com/essay-473.html [Online; abgerufen am 01.05.2014].

SplashData (2013): *"Password" unseated by "123456" on SplashData's annual "Worst Passwords" list.* URL: http://splashdata.com/press/worstpasswords2013.htm [Online; abgerufen am 02.05.2014].